Impressum
Verlag: BABADADA GmbH, Nedderfeld 112 , 22529 Hamburg
Geschäftsführer / Verlagsleitung: Harald Hof
Druck: Books on Demand GmbH, In de Tarpen 42, 22848 Norderstedt

Imprint
Publisher: BABADADA GmbH, Nedderfeld 112 , 22529 Hamburg, Germany
Managing Director / Publishing direction: Harald Hof
Print: Books on Demand GmbH, In de Tarpen 42, 22848 Norderstedt, Germany

1

mokykla

kool

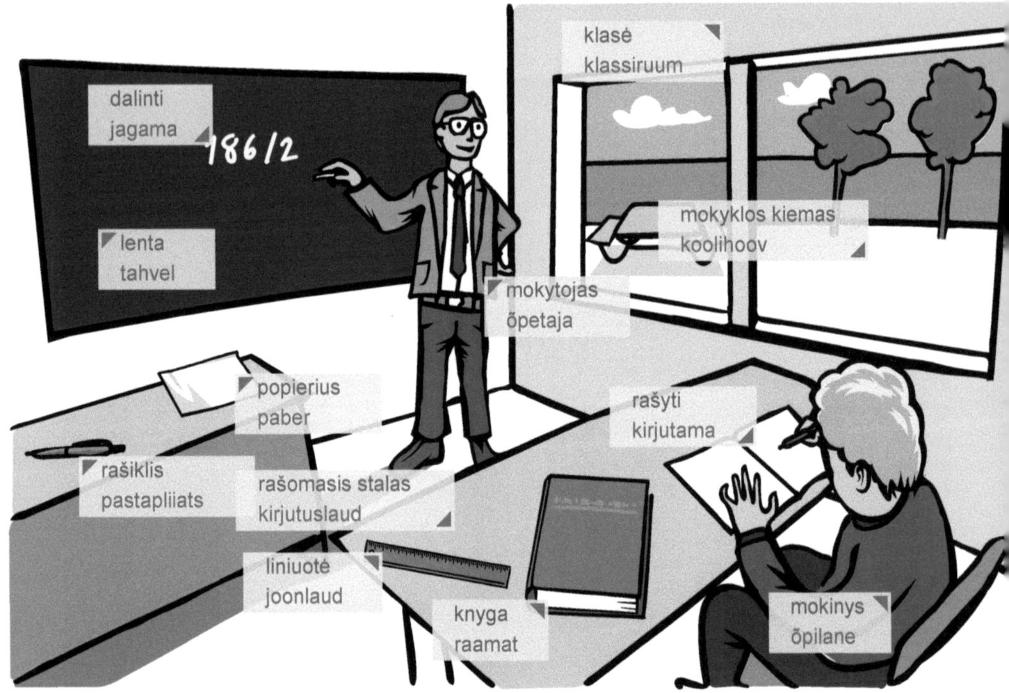
klasė
klassiruum
dalinti
jagama
186/2
lenta
tahvel
mokyklos kiemas
koolihoov
mokytojas
õpetaja
popierius
paber
rašyti
kirjutama
rašiklis
pastapliiats
rašomasis stalas
kirjutuslaud
liniuotė
joonlaud
knyga
raamat
mokinys
õpilane

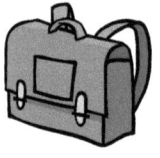

kuprinė

koolikott

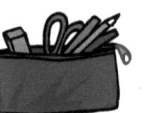

penalas

pinal

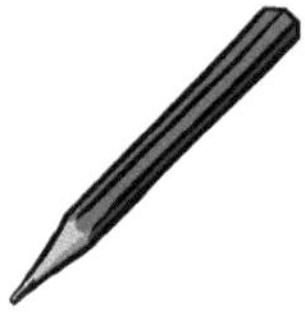

pieštukas

harilik pliiats

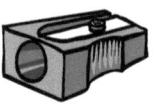

drožtukas

pliiatsiteritaja

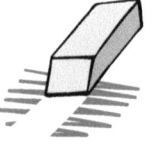

trintukas

kustukumm

piešimo bloknotas

joonistusplokk

piešinys
joonistus

teptukas
pintsel

dažų dėžutė
värvikarp

žirklės
käärid

klijai
liim

vadovėlis
töövihik

namų darbai
kodutöö

numeris
number

pridėti
liitma

atimti
lahutama

dauginti
korrutama

skaičiuoti
arvutama

raidė
täht

ABCDEFG
HIJKLMN
OPQRSTU
VWXYZ

abėcėlė
tähestik

žodis
sõna

tekstas

tekst

skaityti

lugema

kreida

kriit

pamoka

koolitund

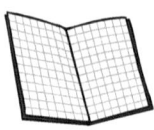

dienynas

klassipäevik

egzaminas

eksam

pažymėjimas

tunnistus

mokyklinė uniforma

koolivorm

išsilavinimas

haridus

enciklopedija

entsüklopeedia

universitetas

ülikool

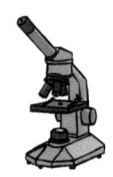

mikroskopas

mikroskoop

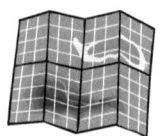

žemėlapis

kaart

šiukšliadėžė

paberikorv

kelionė
reisimine

viešbutis
hotell
Grand
svečių namai
hostel
ROOMS
valiutos keitykla
valuutavahetuspunkt
EXCHANGE
lagaminas
kohver
mašina
auto

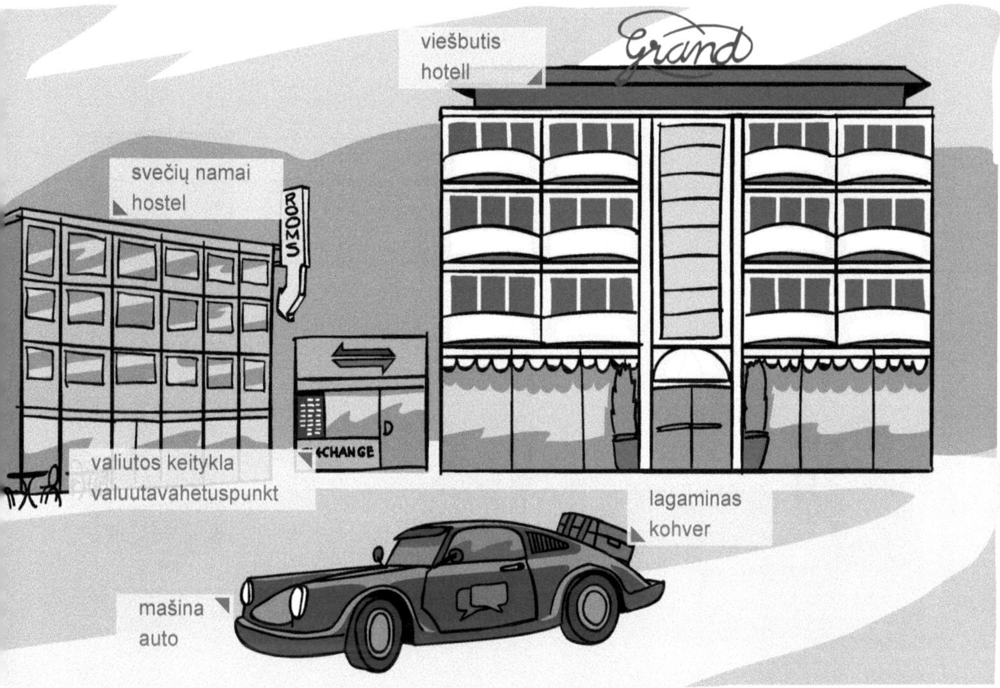

kalba

keel

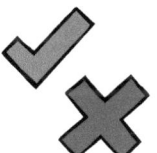

taip / ne

jah / ei

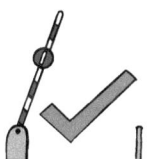

Gerai

okei

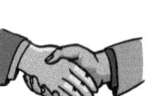

sveiki

Tere!

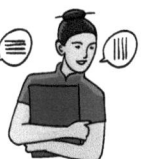

vertėjas raštu

tõlk

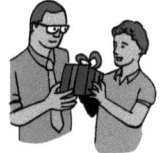

Ačiū

Aitäh!

kiek kainuoja...?

Kui palju maksab ...?

aš nesuprantu

Ma ei saa aru

problema

probleem

Labas vakaras!

Tere õhtust!

Labas rytas!

Tere hommikust!

Labos nakties!

Head ööd!

viso gero

Head aega!

kryptis

suund

bagažas

pagas

krepšys

kott

kuprinė

seljakott

svečias

külaline

kambarys

tuba

miegmaišis

magamiskott

palapinė

telk

turizmo informacija

turismiinfo

paplūdimys

rand

kreditinė kortelė

krediitkaart

pusryčiai

hommikusöök

pietūs

lõunasöök

vakarienė

õhtusöök

bilietas

pilet

liftas

lift

pašto ženklas

postmark

siena

riigipiir

muitinė

toll

ambasada

saatkond

viza

viisa

pasas

pass

transportas
transport

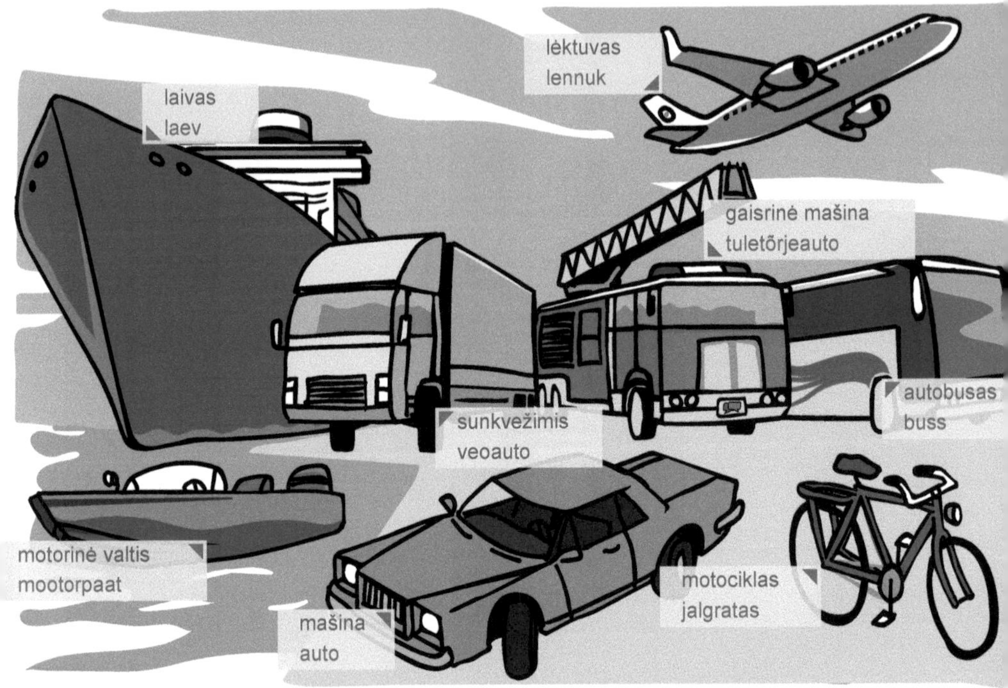
lėktuvas
lennuk
laivas
laev
gaisrinė mašina
tuletõrjeauto
autobusas
buss
sunkvežimis
veoauto
motorinė valtis
mootorpaat
motociklas
jalgratas
mašina
auto

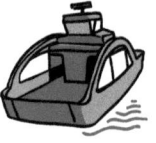

keltas
praam

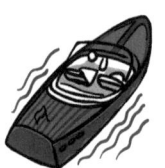

valtis
paat

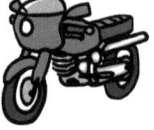

mopedas
mootorratas

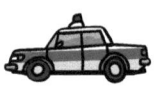

policijos automobilis
politseiauto

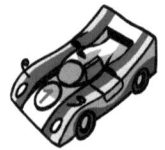

lenktyninis automobilis
võidusõiduauto

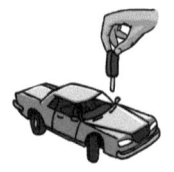

nuomojamas automobilis
rendiauto

bendras automobilio
naudojimas
ühisauto

techninės pagalbos
automobilis
puksiirauto

šiukšliavežė
prügiauto

variklis
mootor

degalai
kütus

degalinė
tankla

kelio ženklas
liiklusmärk

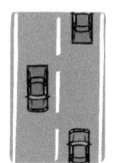

eismas
liiklus

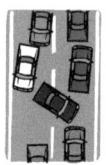

eismo spūstis
liiklusummik

mašinų stovėjimo aikštelė
parkla

traukinių stotis
raudteejaam

bėgiai
rööpad

traukinys
rong

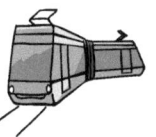

tramvajus
tramm

vagonas
vagun

sraigtasparnis

helikopter

oro uostas

lennujaam

bokštas

torn

keleivis

reisija

konteineris

konteiner

dėžė

pappkast

vežimėlis

käru

krepšys

korv

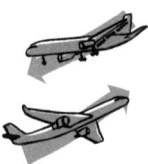

pakilti / nusileisti

õhku tõusma / maanduma

miestas
linn

kaimas

küla

miesto centras

kesklinn

namas

maja

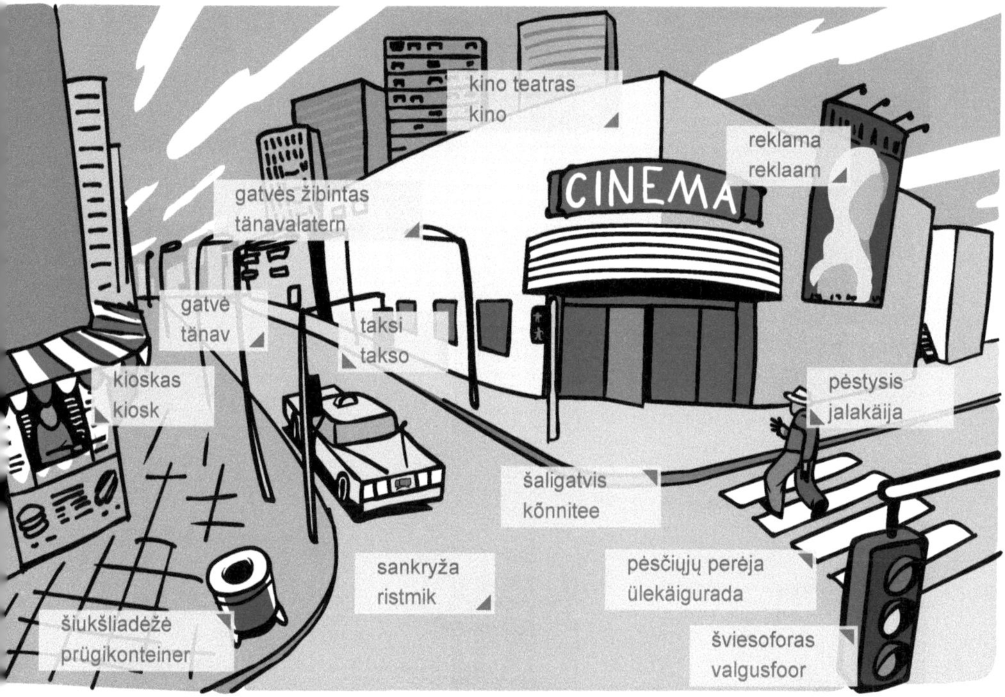

kino teatras
kino

reklama
reklaam

gatvės žibintas
tänavalatern

gatvė
tänav

taksi
takso

kioskas
kiosk

pėstysis
jalakäija

šaligatvis
kõnnitee

sankryža
ristmik

pėsčiųjų perėja
ülekäigurada

šiukšliadėžė
prügikonteiner

šviesoforas
valgusfoor

trobelė
osmik

butas
kortermaja

traukinių stotis
raudteejaam

rotušė
raekoda

muziejus
muuseum

mokykla
kool

universitetas
ülikool

bankas
pank

ligoninė
haigla

viešbutis
hotell

vaistinė
apteek

biuras
kontor

knygynas
raamatupood

parduotuvė
kauplus

gėlių parduotuvė
lillepood

prekybos centras
supermarket

turgus
turg

universalinė parduotuvė
kaubamaja

žuvies parduotuvė
kalapood

prekybos centras
kaubanduskeskus

uostas
sadam

parkas

park

suoliukas

pink

tiltas

sild

laiptai

trepp

metro

metroo

tunelis

tunnel

autobusų stotelė

bussipeatus

baras

baar

restoranas

restoran

lauko pašto dėžutė

postkast

kelio ženklas

tänavasilt

parkomatas

parkimisautomaat

zoologijos sodas

loomaaed

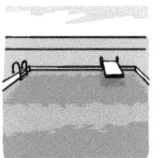

baseinas

ujula

mečetė

mošee

ūkininko ūkis

talu

tarša

reostus

kapinės

surnuaed

bažnyčia

kirik

žaidimų aikštelė

mänguväljak

šventykla

tempel

kraštovaizdis
maastik

lapas
leht

kelio rodyklė
teeviit

kelias
tee

pieva
aas

akmuo
kivi

ėjikas
matkaja

medis
puu

upė
jõgi

žolė
rohi

gėlė
lill

slėnis

org

kalva

mägi

ežeras

järv

miškas

mets

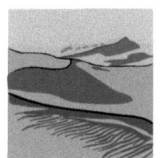

dykuma

kõrb

ugnikalnis

vulkaan

pilis

linnus

vaivorykštė

vikerkaar

grybas

seen

palmė

palm

uodas

sääsk

musė

kärbes

skruzdėlė

sipelgas

bitė

mesilane

voras

ämblik

vabalas
....
mardikas

varlė
....
konn

voverė
....
orav

ežys
....
siil

kiškis
....
jänes

pelėda
....
öökull

paukštis
....
lind

gulbė
....
luik

šernas
....
metssiga

elnias
....
hirv

briedis
....
põder

užtvanka
....
pais

vėjo jėgainė
....
tuuleturbiin

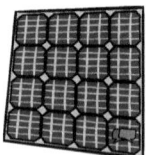

saulės baterija
....
päikesepaneel

klimatas
....
kliima

kraštovaizdis - maastik

padavėjas
kelner

meniu
menüü

kėdė
tool

sriuba
supp

pica
pitsa

stalo įrankiai
söögiriistad

staltiesė
laudlina

užkandis
eelroog

pagrindinis patiekalas
pearoog

desertas
magustoit

gėrimai
joogid

maistas
toit

butelis
pudel

greitai pateikiamas maistas

kiirtoit

gatvės maistas

tänavatoit

arbatinukas

teekann

cukrinė

suhkrutoos

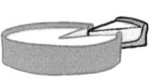

porcija

portsjon

espreso aparatas

espressomasin

aukšta kėdė

lastetool

sąskaita

arve

padėklas

kandik

peilis

nuga

šakutė

kahvel

šaukštas

lusikas

arbatinis šaukštelis

teelusikas

servetėlė

salvrätik

stiklinė

klaas

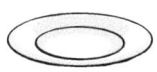

lėkštė

taldrik

sriubos lėkštė

supitaldrik

padėklas

alustass

padažas

kaste

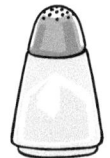

druskinė

soolatoos

pipirų malūnėlis

pipraveski

actas

äädikas

aliejus

õli

prieskoniai

vürtsid

kečupas

ketšup

garstyčios

sinep

majonezas

majonees

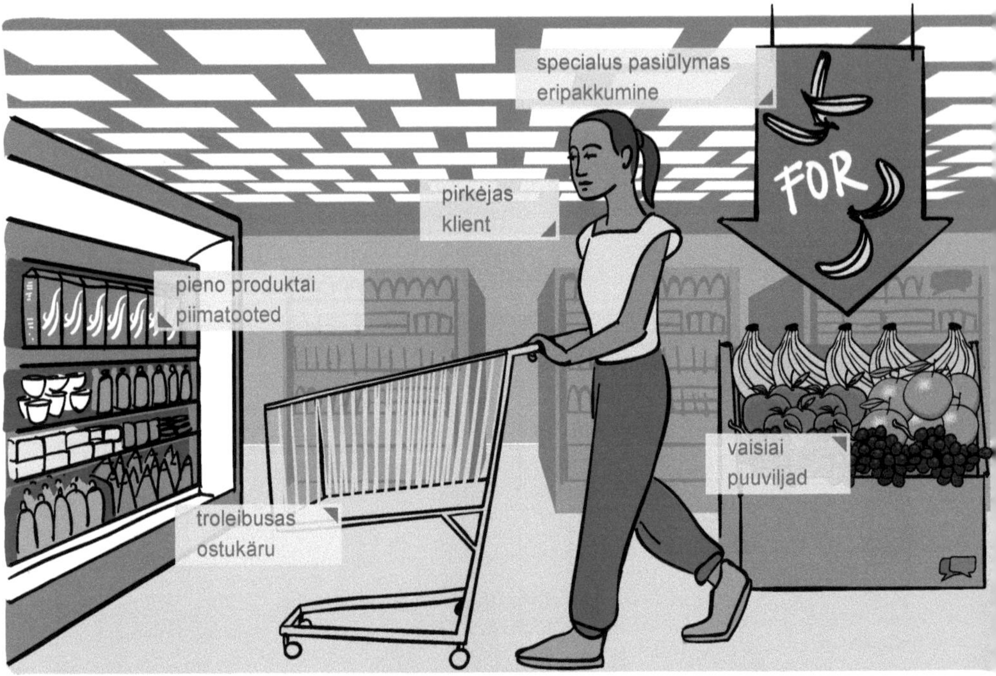

specialus pasiūlymas
eripakkumine
FOR
pirkėjas
klient
pieno produktai
piimatooted
vaisiai
puuviljad
troleibusas
ostukäru

BUTCHERS

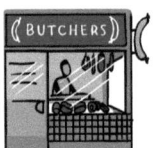

mėsos parduotuvė

lihapood

BAKERY

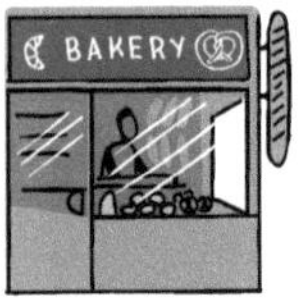

kepykla

pagariäri

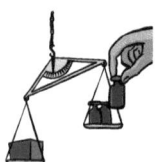

sverti

kaaluma

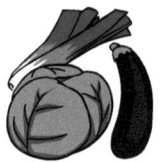

daržovės

köögiviljad

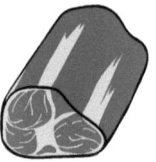

mėsa

liha

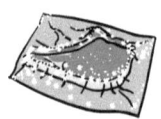

šaldytas maistas

külmutatud toit

šalti mėsos užkandžiai
lihalõigud

konservai
konservid

skalbimo milteliai
pesupulber

saldumynai
maiustused

ūkinės prekės
majatarbed

valymo priemonės
puhastustooted

pardavėja
müüja

kasos aparatas
kassaaparaat

kasininkas
kassapidaja

pirkinių sąrašas
ostunimekiri

darbo valandos
lahtiolekuajad

piniginė
rahakott

kreditinė kortelė
krediitkaart

maišelis
kott

plastikinis maišelis
kilekott

vanduo

vesi

sultys

mahl

pienas

piim

kola

koola

vynas

vein

alus

õlu

alkoholis

alkohol

kakava

kakao

arbata

tee

kava

kohv

espresas

espresso

kapučinas

cappuccino

bananas
banaan

obuolys
õun

apelsinas
apelsin

arbūzas
arbuus

citrina
sidrun

morka
porgand

česnakas
küüslauk

bambukas
bambus

svogūnas
sibul

grybas
seen

riešutai
pähklid

makaronai
nuudlid

spagečiai

spagetid

ryžiai

riis

salotos

salat

traškučiai

friikartulid

keptos bulvės

praekartulid

pica

pitsa

mėsainis

hamburger

sumuštinis

võileib

pjausnys

šnitsel

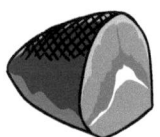

kumpis

sink

saliamis

salaami

dešrelė

vorst

vištiena

kana

kepsnys

praeliha

žuvis

kala

avižų dribsniai

kaerahelbed

dribsniai su priedais

müsli

kukurūzų dribsniai

maisihelbed

miltai

jahu

prancūziškasis ragelis

sarvesai

bandelė

kukkel

duona

leib

skrebutis

röstsai

sausainiai

küpsised

sviestas

või

varškė

kohupiim

tortas

kook

kiaušinis

muna

kiaušinienė

praemuna

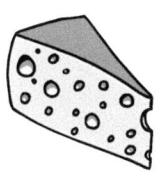

sūris

juust

ledai

jäätis

cukrus

suhkur

medus

mesi

uogienė

moos

tepamas šokoladas

pähklivõie

karis

karri

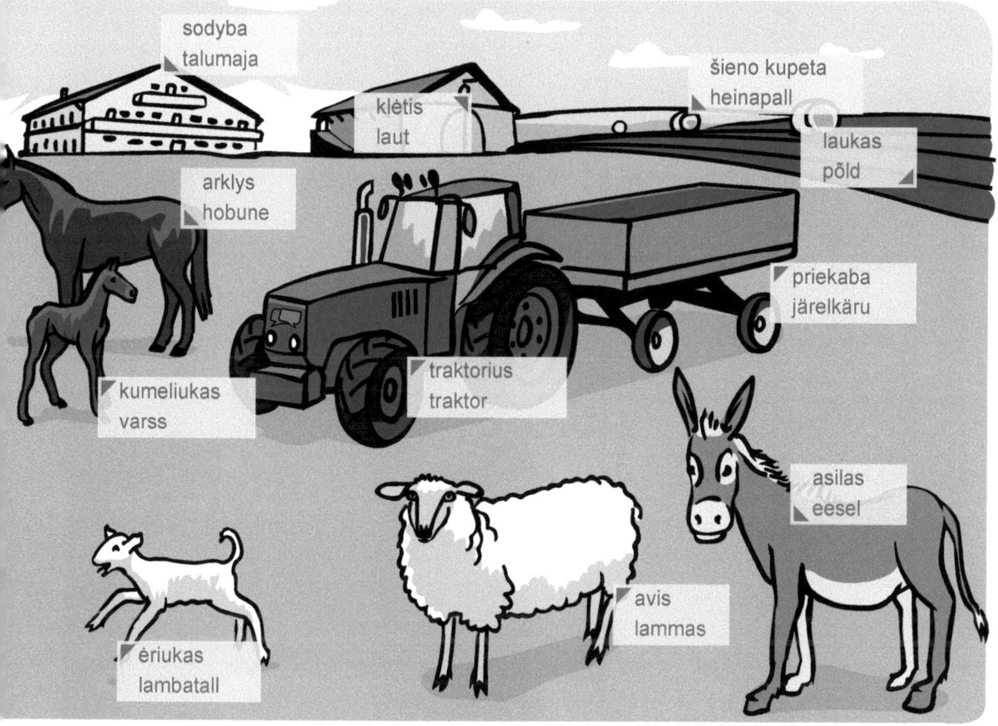

sodyba
talumaja

šieno kupeta
heinapall

klėtis
laut

laukas
põld

arklys
hobune

priekaba
järelkäru

kumeliukas
varss

traktorius
traktor

asilas
eesel

avis
lammas

ėriukas
lambatall

ožys
kits

karvė
lehm

veršis
vasikas

kiaulė
siga

paršelis
põrsas

bulius
pull

žąsis
hani

antis
part

viščiukas
tibu

višta
kana

gaidys
kukk

žiurkė
rott

katė
kass

pelė
hiir

jautis
härg

šuo
koer

šuns būda
koerakuut

sodo namas
aiavoolik

laistytuvas
kastekann

dalgis
vikat

plūgas
ader

pjautuvas

sirp

kauptukas

kõblas

šakės

hang

kirvis

kirves

statinė

käru

lovys

küna

bidonas

piimanõu

maišas

kott

tvora

tara

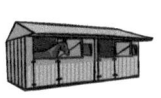

arklidė

tall

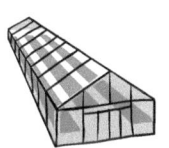

šiltnamis

kasvuhoone

dirva

muld

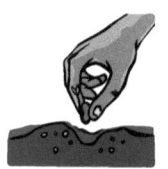

sėkla

seeme

trąšos

väetis

kombainas

kombain

rinkti
....
saaki koristama

derlius
....
saagikoristus

saldžiosios bulvės
....
jamss

kviečiai
....
nisu

soja
....
soja

bulvė
....
kartul

kukurūzai
....
mais

rapsai
....
raps

vaismedis
....
viljapuu

manijokas
....
maniokk

grūdai
....
teravili

ūkininko ūkis - talu

namas
maja

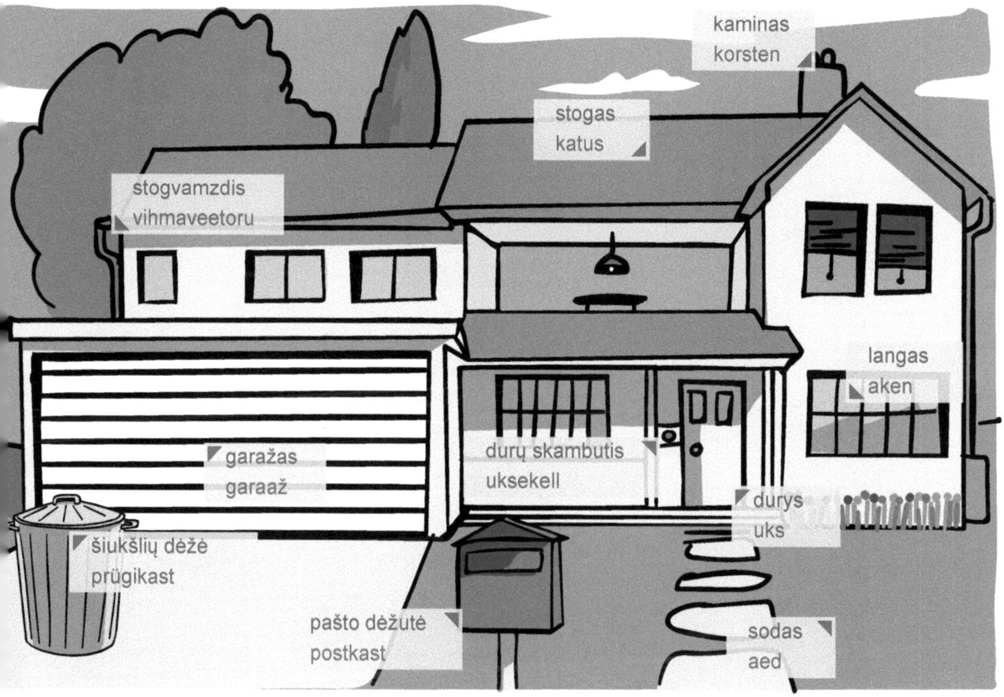
kaminas
korsten
stogas
katus
stogvamzdis
vihmaveetoru
langas
aken
garažas
garaaž
durų skambutis
uksekell
durys
uks
šiukšlių dėžė
prügikast
pašto dėžutė
postkast
sodas
aed

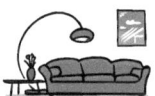

svetainė
elutuba

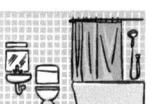

vonios kambarys
vannituba

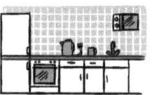

virtuvė
köök

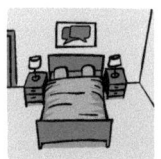

miegamasis
magamistuba

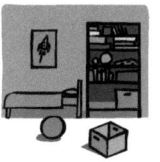

vaiko kambarys
lastetuba

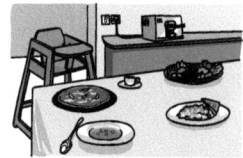

valgomasis
söögituba

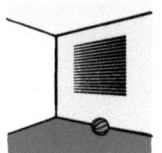

grindys

põrand

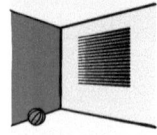

siena

sein

lubos

lagi

rūsys

kelder

sauna

saun

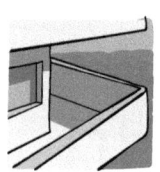

balkonas

rõdu

terasa

terrass

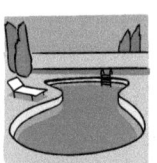

baseinas

bassein

žoliapjovė

muruniiduk

paklodė

voodilina

lovatiesė

päevatekk

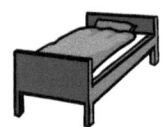

lova

voodi

šluota

luud

kibiras

ämber

jungiklis

lüliti

svetainė
elutuba

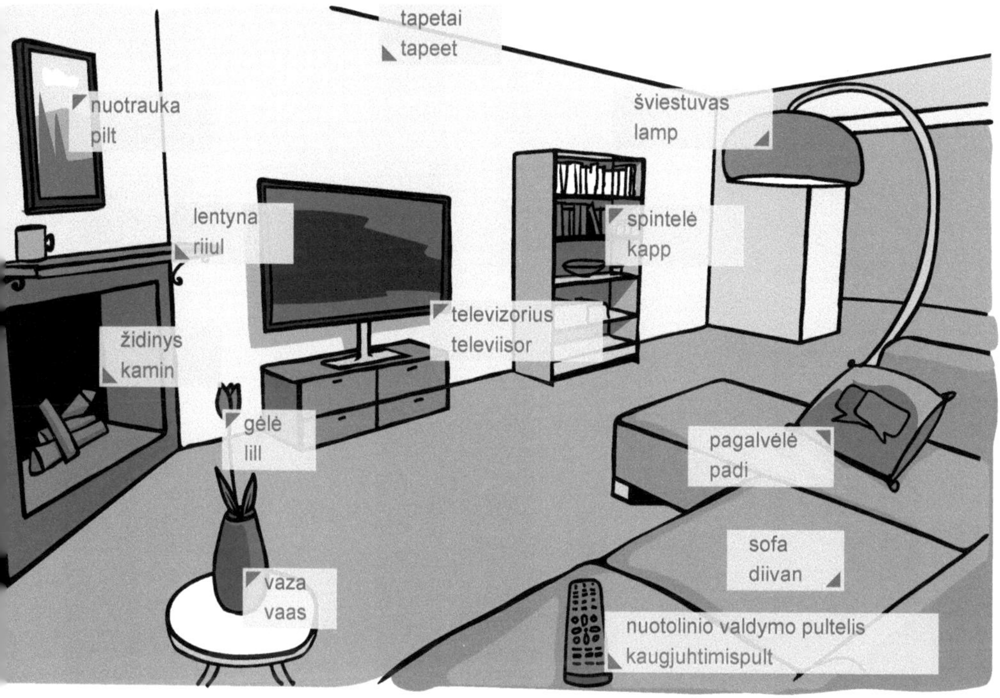
tapetai
tapeet
nuotrauka
pilt
šviestuvas
lamp
lentyna
riiul
spintelė
kapp
televizorius
televiisor
židinys
kamin
gėlė
lill
pagalvėlė
padi
sofa
diivan
vaza
vaas
nuotolinio valdymo pultelis
kaugjuhtimispult

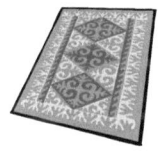

kilimas
vaip

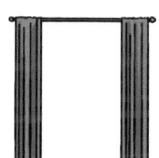

užuolaida
kardin

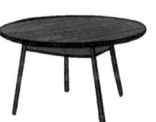

stalas
laud

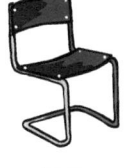

kėdė
tool

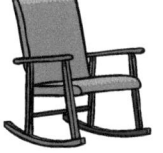

supamasis krėslas
kiiktool

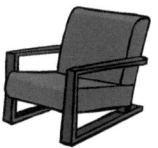

fotelis
tugitool

knyga
raamat

antklodė
tekk

papuošimai
kaunistus

malkos
küttepuud

filmas
film

stereo aparatūra
helisüsteem

raktas
võti

laikraštis
ajaleht

paveikslas
maal

plakatas
plakat

radijas
raadio

užrašų knygelė
märkmik

dulkių siurblys
tolmuimeja

kaktusas
kaktus

žvakė
küünal

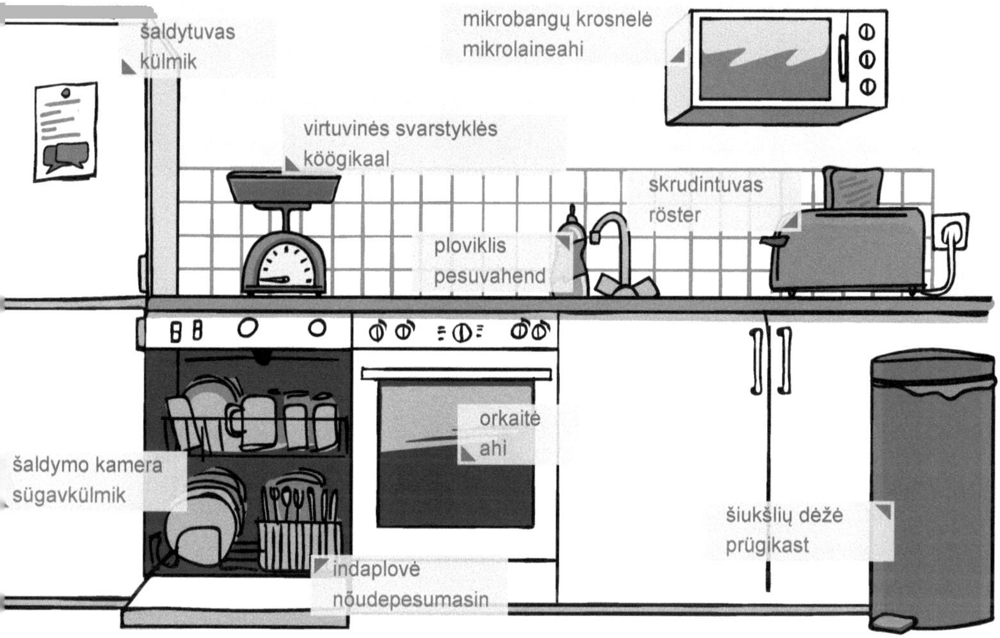

šaldytuvas
külmik

mikrobangų krosnelė
mikrolaineahi

virtuvinės svarstyklės
köögikaal

skrudintuvas
röster

ploviklis
pesuvahend

šaldymo kamera
sügavkülmik

orkaitė
ahi

šiukšlių dėžė
prügikast

indaplovė
nõudepesumasin

viryklė
....
pliit

puodas
....
pott

ketaus puodas
....
malmpott

„wok" keptuvė
....
vokkpann

keptuvė
....
pann

virdulys
....
veekeetja

garų puodas

aurutaja

kepimo skarda

küpsetusplaat

porceliano indai

lauanõud

puodelis

kruus

dubuo

kauss

valgomosios lazdelės

söögipulgad

samtis

kulp

mentelė

pannilabidas

plaktuvas

vispel

koštuvas

kurn

sietas

sõel

trintuvė

riiv

grūstuvė

uhmer

kepsninė

grill

atvira liepsna

lahtine tuli

pjaustymo lentelė

lõikelaud

kočėlas

tainarull

kamščiatraukis

korgitser

skardinė

konservipurk

skardinių atidarytuvas

konserviavaja

puodkėlė

pajakinnas

kriauklė

kraanikauss

šepetys

hari

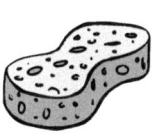

kempinė

pesukäsn

trintuvas

kannmikser

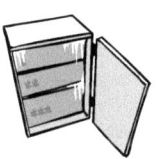

šaldiklis

sügavkülmuti

kūdikių buteliukas

lutipudel

čiaupas

segisti

vonios kambarys
vannituba

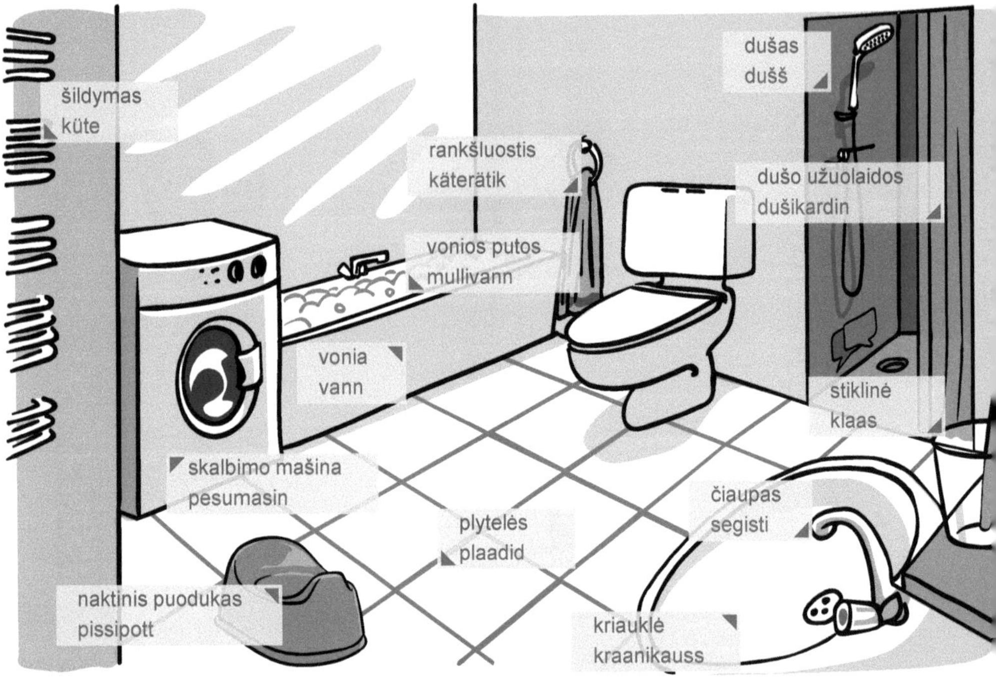
šildymas
küte
dušas
dušš
rankšluostis
käterätik
dušo užuolaidos
dušikardin
vonios putos
mullivann
vonia
vann
stiklinė
klaas
skalbimo mašina
pesumasin
čiaupas
segisti
plytelės
plaadid
naktinis puodukas
pissipott
kriauklė
kraanikauss

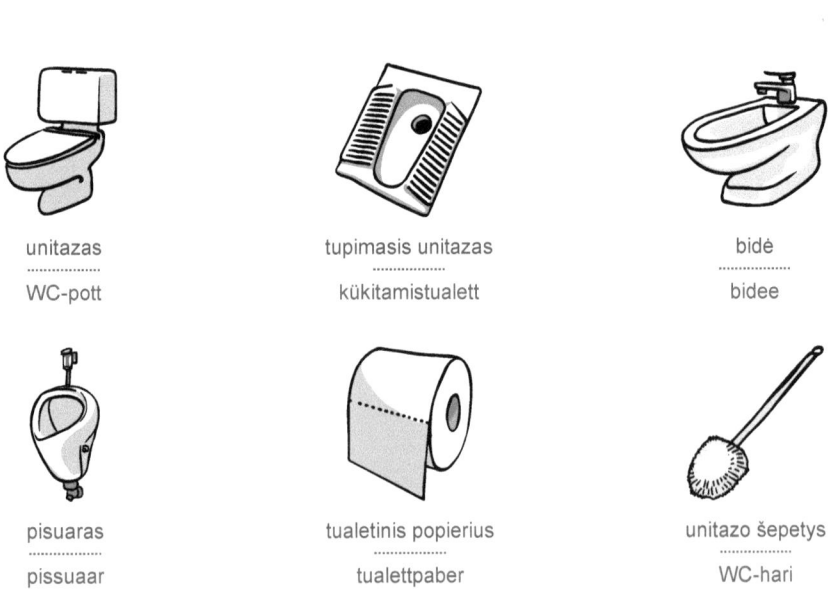

unitazas
WC-pott

tupimasis unitazas
kükitamistualett

bidė
bidee

pisuaras
pissuaar

tualetinis popierius
tualettpaber

unitazo šepetys
WC-hari

dantų šepetėlis

hambahari

dantų pasta

hambapasta

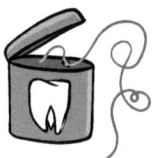

dantų siūlas

hambaniit

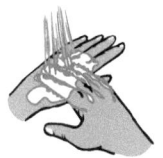

plauti

pesema

dušo galvutė

käsidušš

higieninis dušas

intiimdušš

praustuvas

pesukauss

nugaros plaušinė

seljahari

muilas

seep

dušo želė

dušigeel

šampūnas

šampoon

plaušinė

vamm

kanalizacija

äravool

kremas

kreem

dezodorantas

deodorant

veidrodis

peegel

veidrodėlis

käsipeegel

skustuvas

habemenuga

skutimosi putos

raseerimisvaht

losjonas po skutimosi

habemevesi

šukos

kamm

šepetys

hari

plaukų džiovintuvas

föön

plaukų lakas

juukselakk

makiažas

meigikomplekt

lūpdažis

huulepulk

nagų lakas

küünelakk

vata

vatt

žirklutės nagams

küünekäärid

kvepalai

parfüüm

maišelis skalbiniams

tualett-tarvete kott

taburetė

taburet

svarstyklės

kaal

chalatas

hommikumantel

guminės pirštinės

kummikindad

tamponas

tampoon

higieninis įklotas

hügieeniside

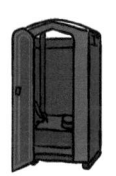

biotualetas

keemiline tualett

vaiko kambarys
lastetuba

žadintuvas
äratuskell
pliušinis žaislas
pehme mänguasi
žaislinė mašinėlė
mänguauto
barškutis
kõristi
lėlės namelis
nukumaja
dovana
kingitus

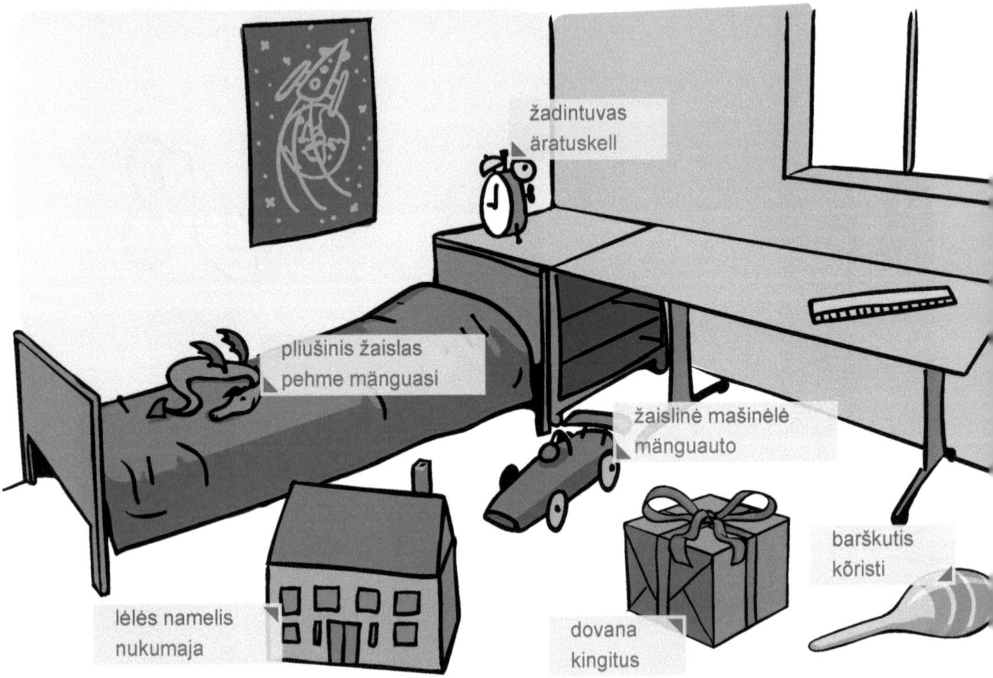

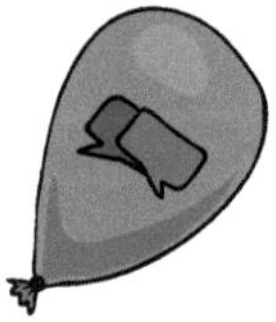

balionas

õhupall

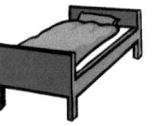

lova

voodi

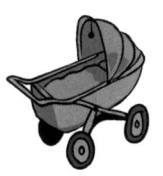

vaikiškas vežimėlis

lapsevanker

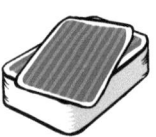

kortų malka

kaardipakk

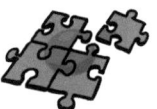

delionė

pusle

komiksai

koomiks

lego kaladėlės

Lego klotsid

žaislinės kaladėlės

klotsid

figūrėlė

kujuke

šliaužtinukai

siputuspüksid

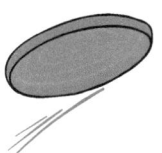

mėtymo lėkštė

lendav taldrik

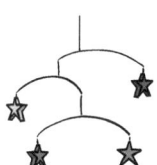

karuselė

voodikarussell

stalo žaidimas

lauamäng

kauliukai

täringud

žaislinis traukinys

mudelrong

žindukas

lutt

vakarėlis

pidu

paveiksliukų knygelė

pildiraamat

kamuolys

pall

lėlė

nukk

žaisti

mängima

smėlio dėžė
....
liivakast

sūpynės
....
kiik

žaislai
....
mänguasjad

žaidimų konsolė
....
mängukonsool

triratukas
....
kolmerattaline jalgratas

meškiukas
....
mängukaru

drabužių spinta
....
riidekapp

drabužis
riietus

kojinės
....
sokid

kojinės virš kelių
....
sukad

pėdkelnės
....
sukkpüksid

šalikas
sall

skėtis
vihmavari

marškinėliai
T-särk

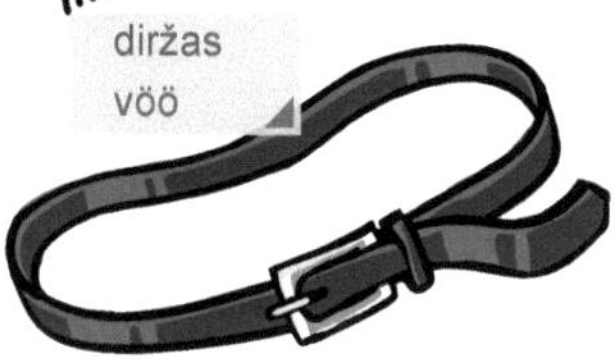

diržas
vöö

ilgaauliai batai
saapad

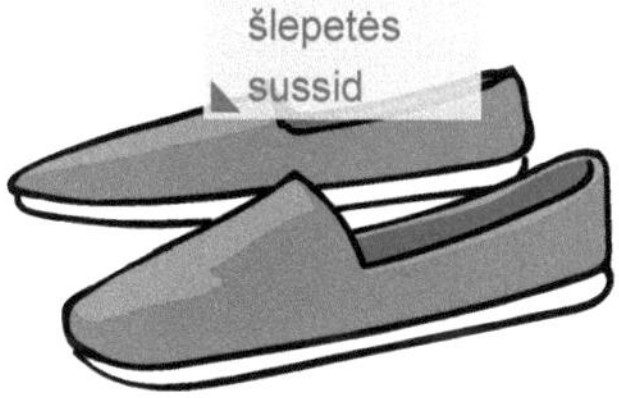

šlepetės
sussid

sportbačiai
tossud

sandalai
sandaalid

batai
jalatsid

guminiai batai
kummikud

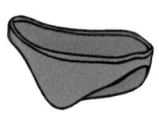

trumpikės
aluspüksid

liemenėlė
rinnahoidja

liemenė
vest

glaustinukė

bodi

kelnės

pūksid

džinsai

teksapūksid

sijonas

seelik

palaidinė

pluus

marškiniai

särk

megztinis

sviiter

megztinis su gobtuvu

dressipluus

švarkelis

bleiser

švarkas

jakk

paltas

mantel

lietpaltis

vihmamantel

kostiumas

kostüüm

suknelė

kleit

vestuvinė suknelė

pulmakleit

kostiumas

ülikond

naktiniai marškiniai

öösärk

pižama

pidžaama

saris

sari

skarelė

pearätt

tiurbanas

turban

burka

burka

kaftanas

kaftan

abaja

abayah

maudymosi kostiumėlis

ujumistrikoo

glaudės

ujumispüksid

šortai

lühikesed püksid

sportinis kostiumas

dressid

prijuostė

põll

pirštinės

kindad

saga
....
nööp

akiniai
....
prillid

apyrankė
....
käevõru

vėrinys
....
kaelakee

žiedas
....
sõrmus

auskaras
....
kõrvarõngas

kepurė
....
nokamüts

pakabas
....
riidepuu

skrybėlė
....
kaabu

kaklaraištis
....
lips

užtrauktukas
....
tõmblukk

šalmas
....
kiiver

breketai
....
traksid

mokyklinė uniforma
....
koolivorm

uniforma
....
vormirõivad

seilinukas
pudipõll

žindukas
lutt

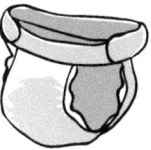

vystyklai
mähe

biuras
kontor

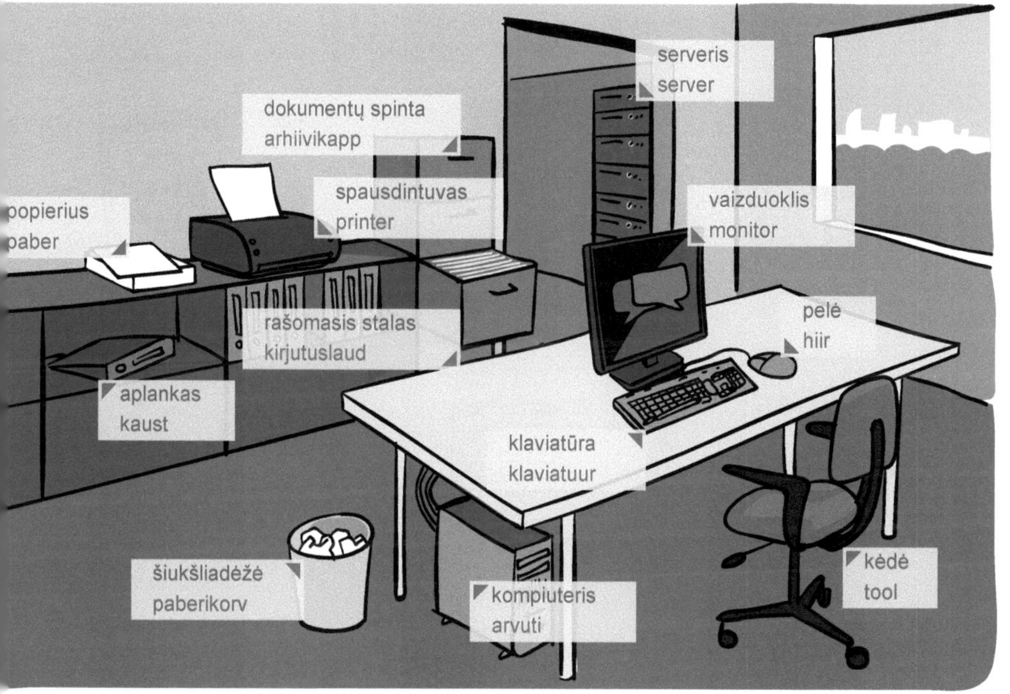

serveris
server

dokumentų spinta
arhiivikapp

spausdintuvas
printer

vaizduoklis
monitor

popierius
paber

rašomasis stalas
kirjutuslaud

pelė
hiir

aplankas
kaust

klaviatūra
klaviatuur

šiukšliadėžė
paberikorv

kompiuteris
arvuti

kėdė
tool

kavos puodelis
kohvikruus

kalkuliatorius
kalkulaator

internetas
internet

nešiojamasis kompiuteris

sülearvuti

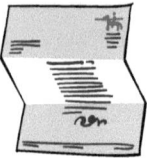

laiškas

kiri

žinutė

sõnum

mobilusis telefonas

mobiiltelefon

tinklas

võrk

fotokopijavimo aparatas

koopiamasin

programinė įranga

tarkvara

telefonas

telefon

kištukinis lizdas

pistikupesa

faksas

faksimasin

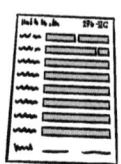

forma

vorm

dokumentas

dokument

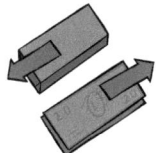

pirkti

ostma

mokėti

maksma

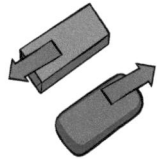

prekiauti

vahetama

pinigai

raha

doleris

dollar

euras

euro

jena

jeen

rublis

rubla

Šveicarijos frankas

Šveitsi frank

juanis

renminbi jüaan

rupija

ruupia

bankomatas

sularahaautomaat

valiutos keitykla

valuutavahetuspunkt

auksas

kuld

sidabras

hõbe

nafta

nafta

energija

energia

kaina

hind

sutartis

leping

mokestis

maks

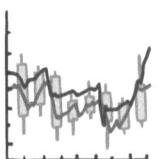

akcijos

aktsia

dirbti

töötama

darbuotojas

töötaja

darbdavys

tööandja

gamykla

tehas

parduotuvė

kauplus

profesijos
ametid

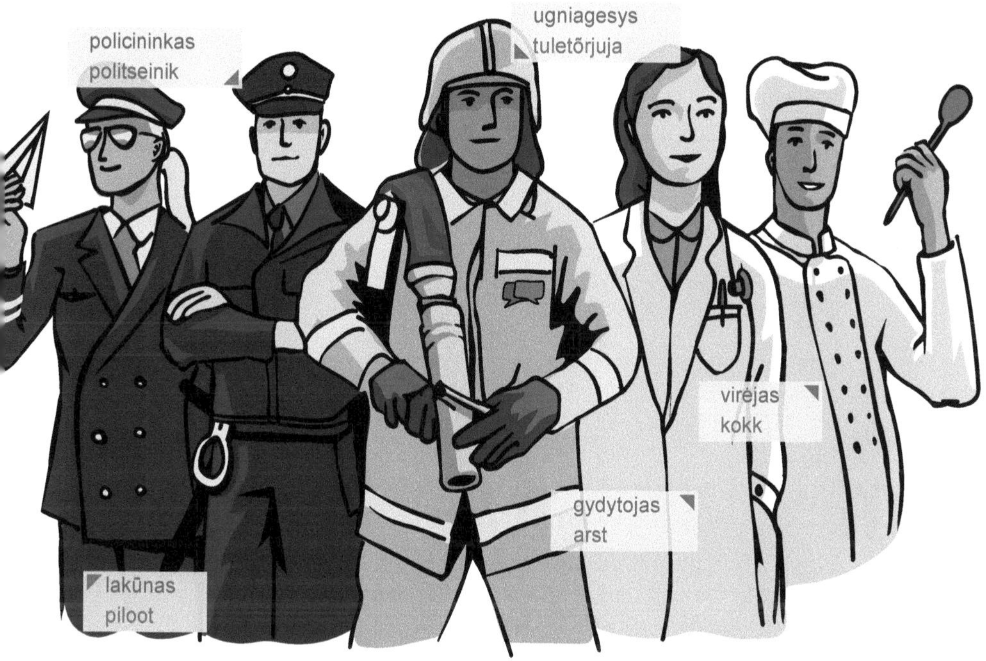
ugniagesys
tuletõrjuja
policininkas
politseinik
virėjas
kokk
gydytojas
arst
lakūnas
piloot

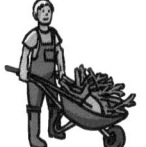

sodininkas

aednik

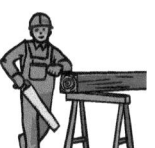

stalius

puusepp

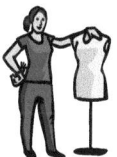

siuvėja

õmbleja

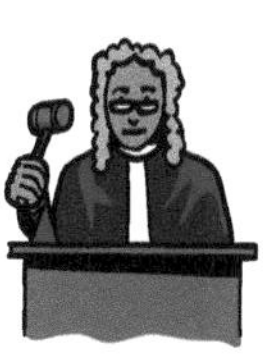

teisėjas

kohtunik

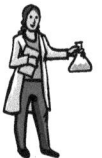

chemikas

keemik

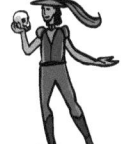

aktorius

näitleja

autobuso vairuotojas

bussijuht

taksi vairuotojas

taksojuht

žvejys

kalamees

valytoja

koristaja

stogdengys

katusepaigaldaja

padavėjas

kelner

medžiotojas

jahimees

dailininkas

maaler

kepėjas

pagar

elektrikas

elektrik

statybininkas

ehitaja

inžinierius

insener

mėsininkas

lihunik

santechnikas

torumees

paštininkas

postiljon

kareivis

sõdur

architektas

arhitekt

kasininkas

kassapidaja

gėlininkas

lillemüüja

kirpėjas

juuksur

konduktorius

piletikontrolör

mechanikas

mehaanik

kapitonas

kapten

odontologas

hambaarst

mokslininkas

teadlane

rabinas

rabi

imamas

imaam

vienuolis

munk

kunigas

preester

įrankiai
tööriistad

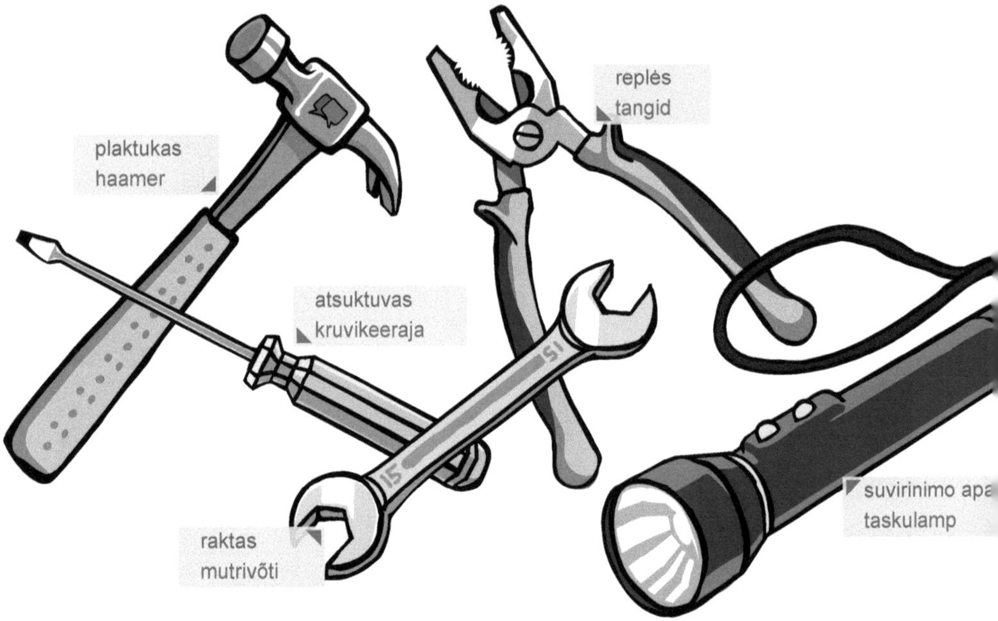

plaktukas
haamer
replės
tangid
atsuktuvas
kruvikeeraja
raktas
mutrivõti
suvirinimo apa
taskulamp

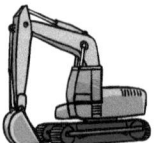

ekskavatorius

ekskavaator

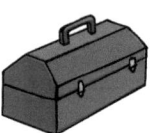

įrankių dėžė

tööriistakast

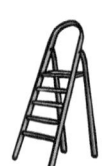

kopėčios

redel

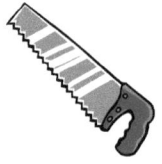

pjūklas

saag

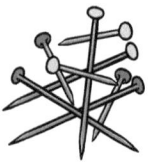

vinys

naelad

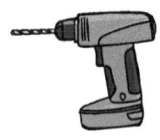

grąžtas

trell

taisyti
....
parandama

kastuvas
....
labidas

Velniava!
....
Põrgusse!

semtuvėlis
....
kühvel

dažų skardinė
....
värvipott

varžtai
....
kruvid

muzikos instrumentai
pillid

būgnų rinkinys
trummikomplekt

garsiakalbis
kõlar

gitara
kitarr

kontrabosas
kontrabass

trimitas
trompet

pianinas

klaver

smuikas

viiul

bosinė gitara

bass

timpanas

timpan

būgnai

trummid

sintezatorius

süntesaator

saksofonas

saksofon

fleita

flööt

mikrofonas

mikrofon

jėjimas
sissepääs

tigras
tiiger

narvas
puur

zebras
sebra

gyvūnų pašaras
loomasööt

panda
panda

gyvūnai
loomad

dramblys
elevant

kengūra
känguru

raganosis
ninasarvik

gorila
gorilla

meška
karu

kupranugaris

kaamel

strutis

jaanalind

liūtas

lõvi

beždžionė

ahv

flamingas

flamingo

papūga

papagoi

baltoji meška

jääkaru

pingvinas

pingviin

ryklys

hai

povas

paabulind

gyvatė

madu

krokodilas

krokodill

zoologijos sodo prižiūrėtojas

loomaaiatalitaja

ruonis

hüljes

jaguaras

jaaguar

ponis
poni

leopardas
leopard

begemotas
jõehobu

žirafa
kaelkirjak

erelis
kotkas

šernas
metssiga

žuvis
kala

vėžlys
kilpkonn

vėplys
morsk

lapė
rebane

gazelė
gasell

amerikietiškas futbolas
Ameerika jalgpall

dviračių sportas
jalgrattasõit

tenisas
tennis

krepšinis
korvpall

plaukimas
ujumine

boksas
poksimine

ledo ritulys
jäähoki

futbolas
jalgpall

badmintonas
sulgpall

atletika
kergejõustik

rankinis
käsipall

slidinėjimas
suusatamine

polas
polo

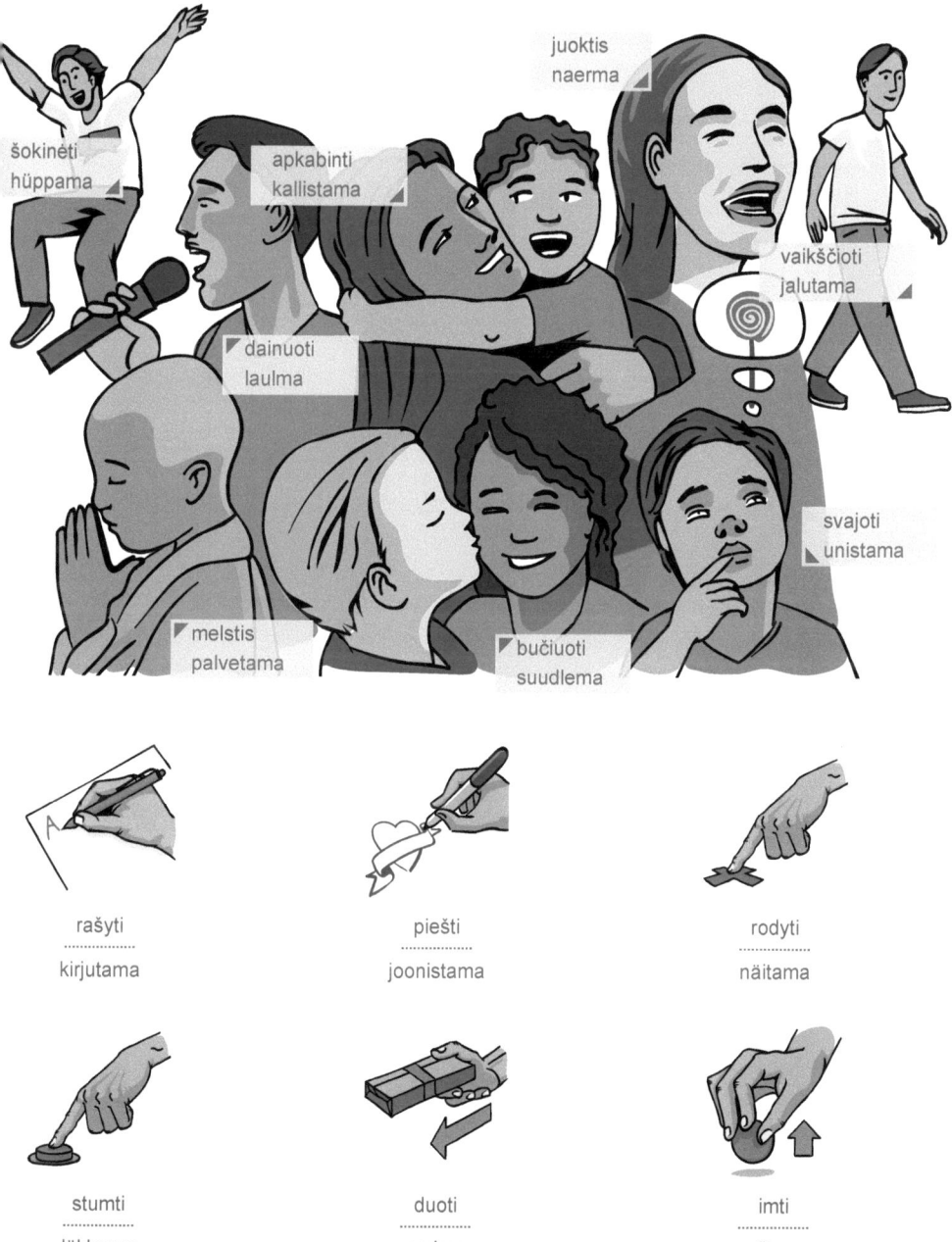

juoktis
naerma

šokinėti
hüppama

apkabinti
kallistama

vaikščioti
jalutama

dainuoti
laulma

svajoti
unistama

melstis
palvetama

bučiuoti
suudlema

rašyti
kirjutama

piešti
joonistama

rodyti
näitama

stumti
lükkama

duoti
andma

imti
võtma

turėti
omama

daryti
tegema

būti
olema

stovėti
seisma

bėgti
jooksma

traukti
tõmbama

mesti
viskama

kristi
kukkuma

meluoti
lamama

laukti
ootama

nešti
kandma

sėdėti
istuma

rengtis
riidesse panema

miegoti
magama

pabusti
ärkama

žiūrėti

vaatama

verkti

nutma

glostyti

paitama

šukuoti

kammima

kalbėti

rääkima

suprasti

aru saama

paklausti

küsima

klausytis

kuulama

gerti

jooma

valgyti

sööma

tvarkytis

korrastama

mylėti

armastama

gaminti

süüa tegema

vairuoti

sõitma

skristi

lendama

buriuoti

purjetama

skaičiuoti

arvutama

skaityti

lugema

mokytis

õppima

dirbti

töötama

vesti

abielluma

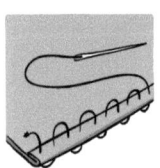

siūti

õmblema

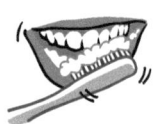

valytis dantis

hambaid pesema

žudyti

tapma

rūkyti

suitsetama

siųsti

saatma

šeima
perekond

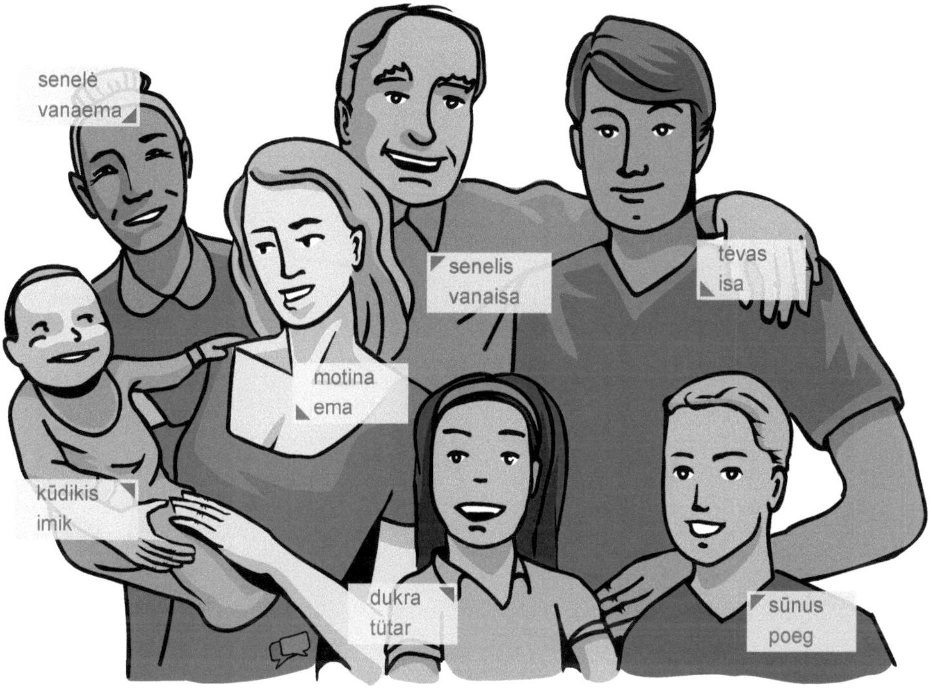
senelė
vanaema
senelis
vanaisa
tėvas
isa
motina
ema
kūdikis
imik
dukra
tütar
sūnus
poeg

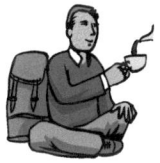

svečias

külaline

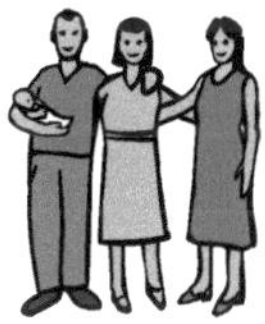

teta

tädi

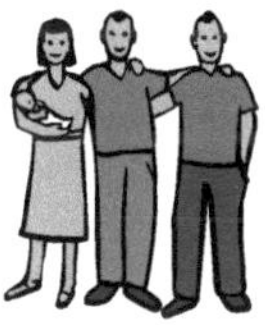

dėdė

onu

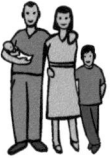

brolis

vend

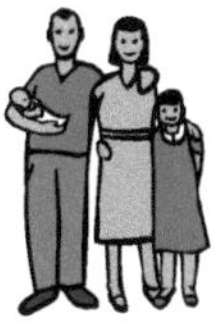

sesuo

õde

kūnas
keha

kakta
otsmik
akis
silm
petys
õlg
pirštas
sõrm
veidas
nägu
smakras
lõug
plaštaka
käsi
krūtinė
rind
koja
jalg
ranka
käsivars

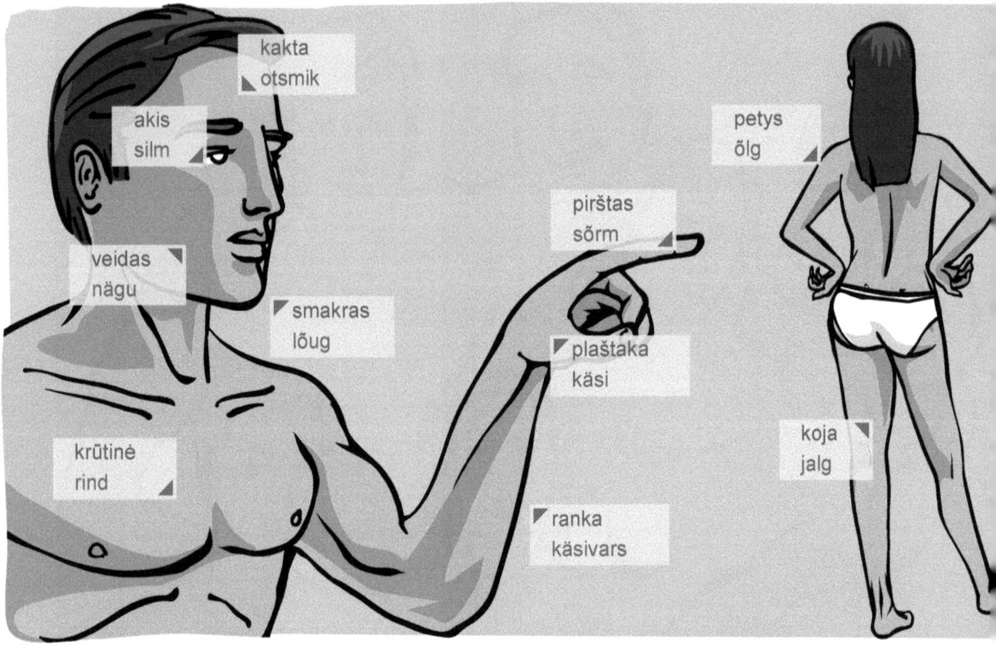

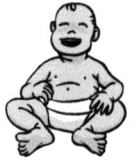

kūdikis

imik

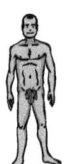

vyras

mees

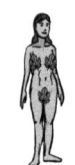

moteris

naine

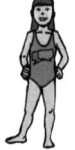

mergaitė

tüdruk

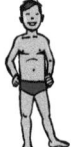

berniukas

poiss

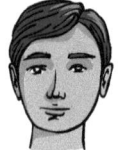

galva

pea

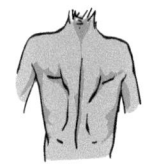

nugara

selg

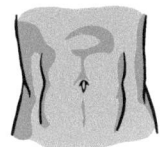

pilvas

kõht

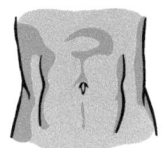

bamba

naba

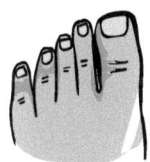

kojos pirštas

varvas

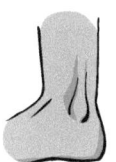

kulnas

kand

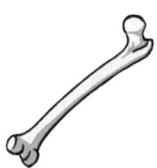

kaulas

luu

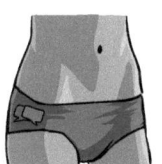

klubas

puus

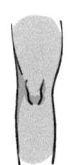

kelis

põlv

alkūnė

küünarnukk

nosis

nina

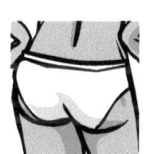

sėdmenys

tagumik

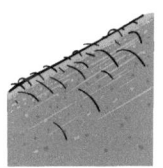

oda

nahk

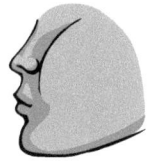

skruostas

põsk

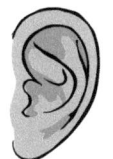

ausis

kõrv

lūpa

huuled

kūnas - keha

burna
suu

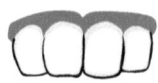

dantis
hammas

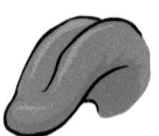

liežuvis
keel

smegenys
aju

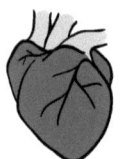

širdis
süda

raumuo
lihas

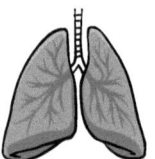

plaučiai
kops

kepenys
maks

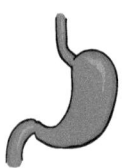

skrandis
magu

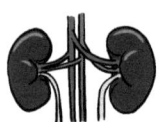

inkstai
neerud

seksas
seksuaalvahekord

prezervatyvas
kondoom

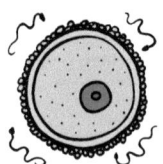

kiaušialąstė
munarakk

sperma
sperma

nėštumas
rasedus

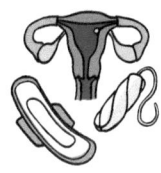

menstruacijos
menstruatsioon

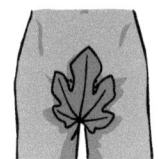

makštis
vagiina

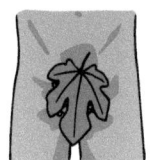

varpa
peenis

antakis
kulm

plaukai
juuksed

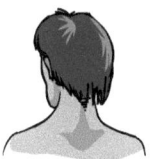

kaklas
kael

ligoninė

haigla

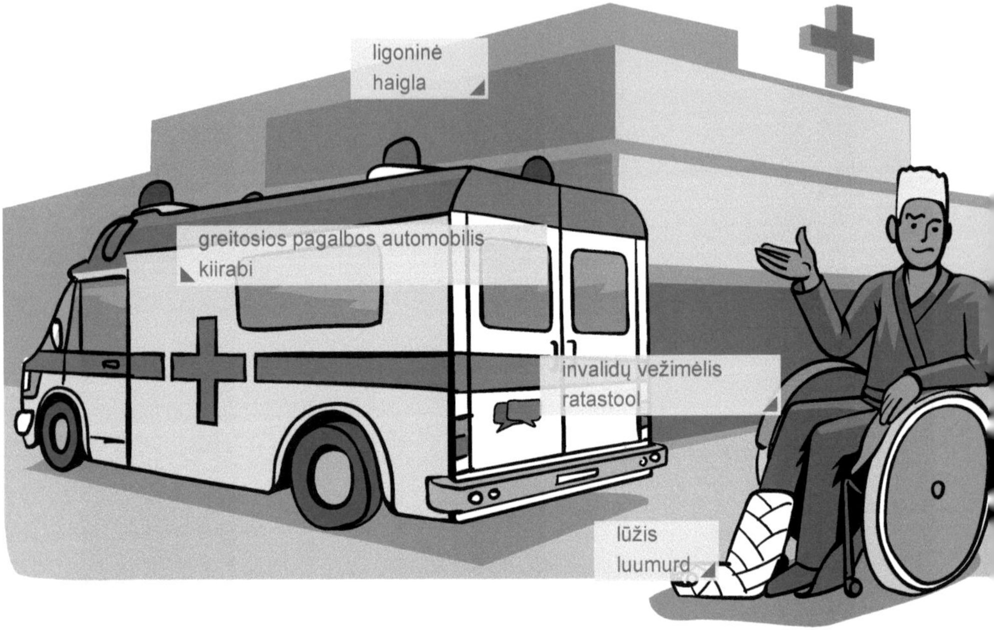
ligoninė
haigla
greitosios pagalbos automobilis
kiirabi
invalidų vežimėlis
ratastool
lūžis
luumurd

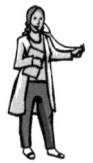

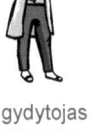

gydytojas

arst

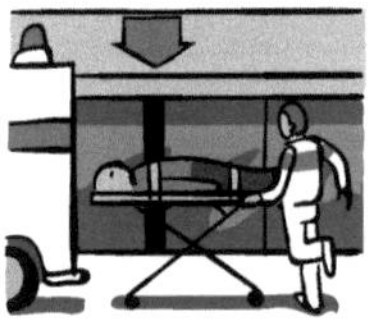

skubios pagalbos skyrius

traumapunkt

slaugytoja

meditsiiniõde

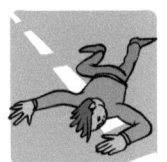

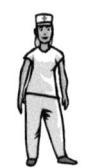

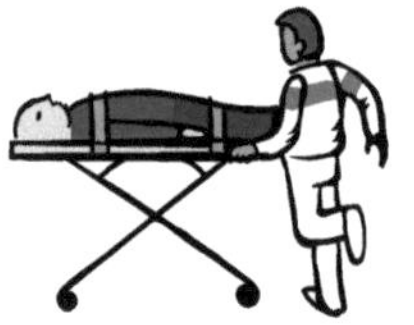

nelaimingas atsitikimas

hädaolukord

be sąmonės

teadvuseta

skausmas

valu

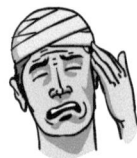

sužalojimas

vigastus

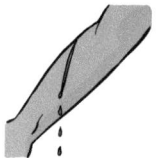

kraujavimas

verejooks

širdies smūgis

südamerabandus

insultas

insult

alergija

allergia

kosulys

köha

karščiavimas

palavik

gripas

gripp

viduriavimas

kõhulahtisus

galvos skausmas

peavalu

vėžys

vähk

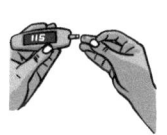

diabetas

diabeet

chirurgas

kirurg

skalpelis

skalpell

operacija

operatsioon

KT

KT

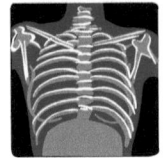

rentgenas

röntgen

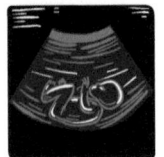

ultragarsas

ultraheli

veido kaukė

mask

liga

haigus

laukiamasis

ooteruum

ramentas

kark

gipsas

kips

tvarstis

side

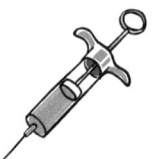

injekcija

süst

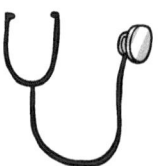

stetoskopas

stetoskoop

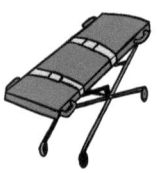

neštuvai

kanderaam

termometras

kraadiklaas

gimimas

sünd

antsvoris

ülekaaluline

klausos aparatas

kuuldeaparaat

dezinfekavimo priemonė

desinfektsioonivahend

infekcija

põletik

virusas

viirus

ŽIV / AIDS

HIV / AIDS

vaistas

meditsiin

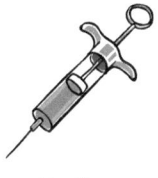

skiepijimas

vaktsineerimine

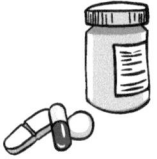

tabletės

tabletid

piliulė

pill

kubios pagalbos numeris

hädaabikõne

kraujospūdžio matuoklis

vererõhuaparaat

ligotas / sveikas

haige / terve

Padėkite!

Appi!

pavojaus signalas

häire

užpuolimas

kallaletung

ataka

rünnak

pavojus

oht

avarinis išėjimas

avariiväljapääs

Gaisras!

Tulekahju!

gesintuvas

tulekustuti

nelaimingas atsitikimas

õnnetus

pirmosios pagalbos rinkinys

esmaabikomplekt

SOS

SOS

policija

politsei

Europa

Euroopa

Šiaurės Amerika

Põhja-Ameerika

Pietų Amerika

Lõuna-Ameerika

Afrika

Aafrika

Azija

Aasia

Australija

Austraalia

Atlanto vandenynas

Atlandi ookean

Ramusis vandenynas

Vaikne ookean

Indijos vandenynas

India ookean

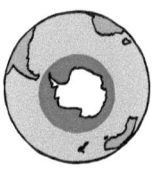

Pietų vandenynas

Lõuna-Jäämeri

Arkties vandenynas

Põhja-Jäämeri

Šiaurės ašigalis

põhjapoolus

Pietų ašigalis

lõunapoolus

Antarktida

Antarktika

Žemė

Maa

sausuma

maismaa

jūra

meri

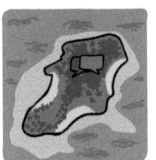

sala

saar

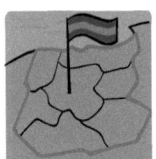

tauta

rahvus

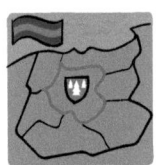

valstybė

riik

ciferblatas

sihverplaat

valandinė rodyklė

tunniosuti

minutinė rodyklė

minutiosuti

sekundinė rodyklė

sekundiosuti

Kiek valandų?

Mis kell on?

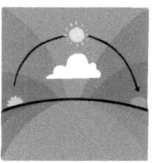

diena

päev

laikas

aeg

dabar

praegu

skaitmeninis laikrodis

digitaalne kell

minutė

minut

valanda

tund

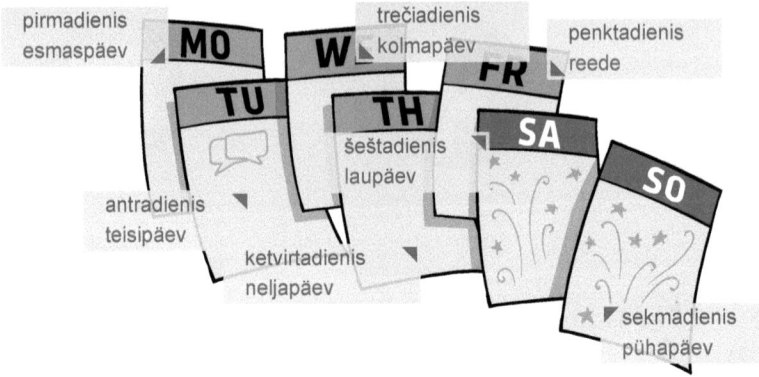

pirmadienis
esmaspäev

trečiadienis
kolmapäev

penktadienis
reede

šeštadienis
laupäev

antradienis
teisipäev

ketvirtadienis
neljapäev

sekmadienis
pühapäev

vakar
eile

šiandien
täna

rytoj
homme

rytas
hommik

vidurdienis
lõuna

vakaras
õhtu

MO	TU	WE	TH	FR	SA	SU
1	2	3	4	5	6	7
8	9	10	11	12	13	14
15	16	17	18	19	20	21
22	23	24	25	26	27	28
29	30	31	1	2	3	4

darbo dienos
tööpäevad

MO	TU	WE	TH	FR	SA	SU
1	2	3	4	5	6	7
8	9	10	11	12	13	14
15	16	17	18	19	20	21
22	23	24	25	26	27	28
29	30	31	1	2	3	4

savaitgalis
nädalavahetus

metai

aasta

lietus
vihm
vaivorykštė
vikerkaar
vėjas
tuul
sniegas
lumi
pavasaris
kevad
ruduo
sügis
vasara
suvi
žiema
talv

4.APRIL 11°
5.APRIL 4°
6.APRIL 13°
7.APRIL 8°
8.APRIL 10°

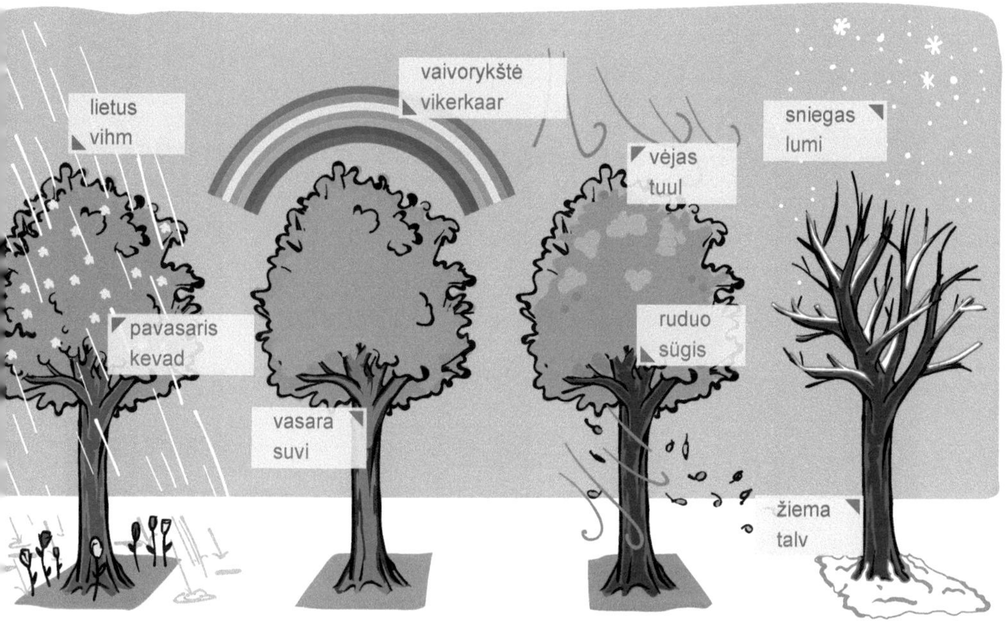

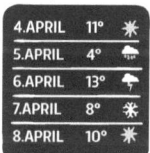

orų prognozė

ilmaennustus

F C
120 90 60 30 0 -30
40 30 20 10 0 -10 -20

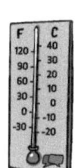

lauko termometras

termomeeter

saulės šviesa

päikesepaiste

debesis

pilv

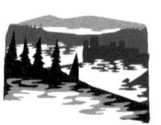

rūkas

udu

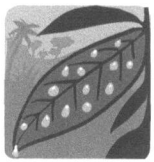

drėgmė

niiskus

žaibas

pikne

griaustinis

kõu

audra

torm

kruša

rahe

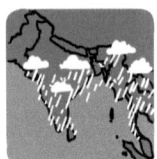

musonas

mussoon

potvynis

üleujutus

ledas

jää

sausis

jaanuar

vasaris

veebruar

kovas

märts

balandis

aprill

gegužė

mai

birželis

juuni

liepa

juuli

rugpjūtis

august

rugsėjis
september

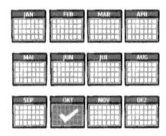

spalis
oktoober

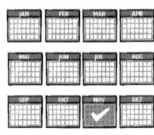

lapkritis
november

gruodis
detsember

formos
kujundid

apskritimas
ring

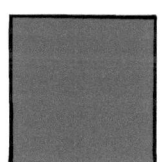

kvadratas
ruut

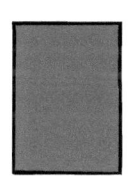

stačiakampis
nelinurk

trikampis
kolmnurk

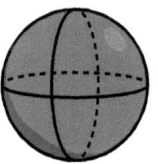

sfera
kera

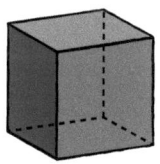

kubas
kuup

balta
valge

geltona
kollane

oranžinė
oranž

rožinė
roosa

raudona
punane

violetinė
lilla

mėlyna
sinine

žalia
roheline

ruda
pruun

pilka
hall

juoda
must

daug / mažai

palju / vähe

piktas / ramus

vihane / rahulik

gražus / bjaurus

ilus / inetu

pradžia / pabaiga

algus / lõpp

didelis / mažas

suur / väike

šviesus / tamsus

hele / tume

brolis / sesuo

vend / õde

švarus / purvinas

puhas / must

užbaigtas / neužbaigtas

täielik / puudulik

diena / naktis

päev / öö

miręs / gyvas

surnud / elus

platus / siauras

lai / kitsas

valgomas / nevalgomas

söödav / mittesöödav

piktas / malonus

kuri / sõbralik

linksmas / nuobodus

põnevil / tüdinud

storas / plonas

paks / peenike

pirmiausia / paskiausia

esimene / viimane

draugas / priešas

sõber / vaenlane

pilnas / tuščias

täis / tühi

kietas / minkštas

kõva / pehme

sunkus / lengvas

raske / kerge

alkis / troškulys

nälg / janu

ligotas / sveikas

haige / terve

nelegalus / legalus

ebaseaduslik / seaduslik

protingas / kvailas

tark / rumal

kairė / dešinė

vasak / parem

arti / toli

lähedal / kaugel

naujas / naudotas

uus / kasutatud

niekas / kažkas

mitte midagi / midagi

senas / jaunas

vana / noor

įjungta / išjungta

sees / väljas

atidaryta / uždaryta

lahti / kinni

tylus / garsus

vaikne / vali

turtingas / vargšas

rikas / vaene

teisus / neteisus

õige / vale

šiurkštus / švelnus

kare / sile

liūdnas / laimingas

kurb / rõõmus

trumpas / ilgas

lühike / pikk

lėtas / greitas

aeglane / kiire

drėgnas / sausas

märg / kuiv

šiltas / šaltas

soe / jahe

karas / taika

sõda / rahu

priešingos reikšmės žodžiai - vastandid

0	**1**	**2**
nulis	vienas	du
null	üks	kaks

3	**4**	**5**
trys	keturi	penki
kolm	neli	viis

6	**7**	**8**
šeši	septyni	aštuoni
kuus	seitse	kaheksa

9	**10**	**11**
devyni	dešimt	vienuolika
üheksa	kümme	üksteist

12

dvylika

kaksteist

13

trylika

kolmteist

14

keturiolika

neliteist

15

penkiolika

viisteist

16

šešiolika

kuusteist

17

septyniolika

seitseteist

18

aštuoniolika

kaheksateist

19

devyniolika

üheksateist

20

dvidešimt

kakskümmend

100

šimtas

sada

1.000

tūkstantis

tuhat

1.000.000

milijonas

miljon

anglų
inglise

amerikiečių anglų
Ameerika inglise

kinų (mandarinų)
mandariini

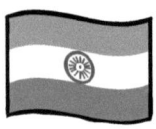

hindi
hindi

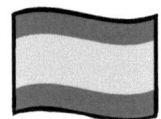

ispanų
hispaania

prancūzų
prantsuse

arabų
araabia

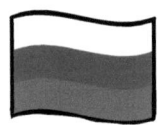

rusų
vene

portugalų
portugali

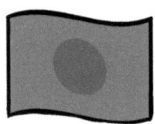

bengalų
bengali

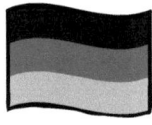

vokiečių
saksa

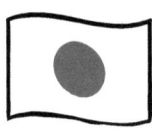

japonų
jaapani

aš

mina

tu

sina

jis / ji

tema

mes

meie

jūs

teie

jie

nemad

kas?

kes?

ką?

mis?

kaip?

kuidas?

kur?

kus?

kada?

millal?

vardas

nimi

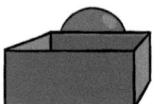

už
....
taga

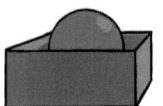

kur (vieta)
....
sees

priešais
....
ees

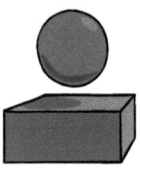

virš
....
kohal

ant
....
peal

po
....
all

prie
....
kõrval

tarp
....
vahel

vieta
....
koht